Muirdin

Augen der Zeit

© 2019 Michael Riedel
Herstellung und Verlag: BoD – Books on Demand, Norderstedt
ISBN: 978-3-7494-7847-7

Nein, ich bin nicht hier um Ihnen die Zeit zu stehlen. Auch nicht um Ihnen welche zu geben. Ich weiß ja nicht einmal, wie viel Zeit ich noch habe. Ich halte das nicht so genau nach. Nun ja, Zählen und Buchführung waren noch nie so mein Ding. Hierbei kommen Sie ins Spiel, haben Sie Zeit? Buchführung ist eine sehr zeitraubende Angelegenheit. Wobei ich mich manchmal frage, ob sich diese Zeit eigentlich lohnt. Könnte man diese Zeit nicht besser verbringen? Dieser Gedanke bringt mich manchmal an den Rand des Komas und ich beginne über den Sinn von Zeit nachzudenken….

Von Zeit zu Zeit

Wäre ich nochmal 30 Jahre alt, würde ich zurück blicken,
mich ohrfeigen und denken, warum hast du
nicht früher begonnen?

Viele Jahre mit sinnlosen Versuchen verschwendet. Zeit,
die nicht mehr einzuholen ist.
Kann man Zeit einholen, oder lässt sie dich hinter sich
liegen? Wie ein Zug, der dich überholt.
Du sieht ihm hinterher und denkst, hab ich den Zeitplan
verpasst?

Auf welchen Zug wollte ich eigentlich springen? Wäre der
erste Zug der Richtige gewesen? Oder wäre es der
Folgende gewesen? Sollte ich auf einen unbekannten Zug
aufspringen? Was wäre, wenn ich den ersten Zug verpasse?
Was wäre richtig?
Wissen wir dieses nicht erst nachher? Dann wenn wir die
entsprechende Erfahrung gemacht haben?

Doch dies schließt Fehler mit ein. Doch ein Fehler kann
auch eine Art von Antwort sein. Warum habe ich es nicht
anders gemacht, warum so falsch? Hätte ich es vorher
besser gewusst, wenn ich die Zeit gehabt hätte einmal
nachzudenken? Manchmal geht der Tag vorbei, bevor ich
wirklich nachdenken konnte. Manchmal geht der Tag zu
schnell vorbei. Zu viele Einflüsse innerhalb von 24
Stunden. Worum wollte ich mich noch kümmern?

Worüber wollte ich noch einmal nachdenken? Als ich darüber nachdachte, schellte das Telefon.

Als ich so um die 6 Jahre alt war, schellte das Telefon nicht so oft. Internet und Handy gab es nicht.
Aber auch nicht das Gefühl von mangelnder Zeit. Im Gegenteil, die Tage waren länger. Warum ist das heute anders?

Wenn ich heute noch einmal neu starten würde, würde ich die Zeit anhalten. Genau an diesem Punkt, wo man begann sie sinnlos zu vergeuden. Sie als unendliche Beigabe des Lebens zu verstehen.
Die Zeit an sich, können wir gedanklich nicht erfassen.
Doch die eigene Zeit ist überschaubar. Ich denke, sollte ein Zug dich im Leben überholen, bleibe stehen und ordne diesen Ort neu für dich.
Habe neue Augen und schaue auf die Dinge, die vorher im Schatten lagen.

Zeit ist neu, Zeit ist der Moment im Jetzt. Ich kann diesen Moment nicht gegen einen weiteren eintauschen. Sollte ich nicht diesen Moment so nehmen wie er kommt? Sollte ich diesen Moment nicht zum wichtigsten Moment meines Lebens machen. Ihm Beachtung schenken, über ihn nachdenken. Vielleicht kommt dieser Moment nie mehr wieder?!

Abschied

Abschied ist ein einsamer Wanderer zwischen der Zeit von Heute und Morgen.
Eine Art Zwiespalt in der die Erinnerung verblasst und die Vergangenheit zum Traum wird.

Doch ein Traum kann Vergangenheit und Zukunft vereinen, in jenem Augenblick.

In diesem einmaligen Augenblick, an dem der Abschied der Beginn eines neuen Anfangs ist.

An einem schwülwarmen Abend im Juni

An einem schwülwarmen Abend im Juni saß ich
gedankenverloren vor meiner Computertastatur auf der
Suche nach meinen Gedanken.
Eine arbeitsreiche Zeit lag hinter mir und die innerliche
Verspannung ließ sich nicht länger weg reden.
Es war keine Aussicht auf eine Veränderung in der
kommenden Zeit und ich versuchte mir eine kleine Auszeit
zu gönnen. Wie gewohnt wollte ich einige Gedanken, die
mir sonst zuflogen, auf das Papier bannen.
Die Lampe, die hinter dem Monitor stand, warf ihren
hellen Lichtkegel an die weiße Wand des Raumes.

Ich bemerkte, wie ich in den Lichtkegel starrte und ärgerte
mich darüber, dass die Gedanken an diesem Abend auf sich
warten ließen. Dabei hatte ich mir vorgenommen, eine
kleine Geschichte zu schreiben.
Aber nichts passierte, kein Einfall, keine tiefgreifenden
Gedanken und auch keine Erkenntnisse, selbst
Erinnerungen bahnten sich nur zäh ihren Weg.

Ich verstand nicht, warum das so war und ärgerte mich
weiter über meine vermeintliche „schlechte Tagesform".
Dass diese Form seine vorhersehbaren Gründe hatte,
verstand ich erst viel später.
Auf einmal nahm ich winzig kleine Gestalten im Schein der
Lampe wahr. Sie bewegten sich unermüdlich und ohne
Pause im Scheinwerferlicht, so als wäre es der letzte Tag.
Später notierte ich mir folgende Gedanken zu diesem
seltsam anmutenden Schauspiel:

Eintagsfliege

Gedankenverlorenes Leben im Schein des grellen Lichts
Augen, die im dichten Nebel kreisen
Leben, die unendlich dauern
Leben, die schnell vergehen
Leben, die wahrgenommen werden
Leben, die ertragen werden

Wie viel Leben passt in einen Tag?
Unscheinbare Kreaturen im Schein des Augenblicks
Unendliches Spiel im Kreis der Sonne
Existenz für einen Tag
Erinnerungen an ein langes Leben
Gefühle, die nur Stunden dauern

Leben im Licht ist eine Erfahrung auf Zeit

Dasein und Abschied lösen nie ihre eiskalte Hand

Dein Tanz im Schein der Lampe dauerte die ganze Nacht
kleine Eintagsfliege,
doch heute lagst du tot auf meinem Schreibtisch.

Dieser Gedanke lies mich nicht los und ich tippte
folgenden Text in die Tastatur…..

Stellt man sich vor, das Leben bestünde lediglich aus 24
Stunden, überkommt einem ein seltsames Gefühl. Es ist,
als würden sich die Vorstellungen an sich von der
Sichtweise der Zeit verschieben.

Man stellt sich vor, ein Leben besteht aus 24 Stunden.
Wäre dann der Sinn nach dem Leben eine andere Frage?
Oder eröffnet sich hier eine andere Sichtweise?

Meine Frage wäre demnach, wie sieht eine Eintagsfliege
ihren Sinn im Leben? Gibt es einen?
Welchen Sinn kann man innerhalb von 24 Stunden
erfüllen?

Wenn ich so im Garten sitze und dem stundenlangen Spiel
der Eintagsfliegen zusehe und für mich über den Sinn des
Lebens nachdenke. Überfliegt mich folgender Gedanke:

Sollte ein Leben für 24 Stunden nur dazu dienen Nachkommen für die Zukunft zu zeugen, für weiteres Leben zu sorgen und auf eigene Wünsche zu verzichten? Für viel mehr bliebe keine Zeit. Außer vielleicht die restlichen Stunden zu genießen.

Vielleicht ist ein Eintagsfliegen Leben auch nur eine Art Zeitraffer mit einem anderen Gefühl von Ewigkeit?
Wer hat Zeit gemacht?

Was macht der Mensch mit seiner Zeit, die er im Vergleich dazu im Übermaß zur Verfügung hat? Sinnen darüber, was der Sinn des Lebens ist, um am Ende festzustellen, keine Antwort gefunden zu haben.

Möglicherweise besteht das Leben aus „zustopfen" von Zeit um am Ende festzustellen, nicht genügend Zeit zu haben. Wichtige Zeit verschenkt zu haben. Manch einer stellt die Frage, hatte ich ein lebenswertes Leben? Oder war mein Leben insgesamt kürzer, als Dass einer Eintagsfliege?

Frage wäre, was ist der Sinn?
Ein kurzes und erfülltes Leben, oder ein langes Leben auf ständiger Sinnsuche, auf Hoffnung auf Erkenntnis. Zyniker würden behaupten, der Sinn des Menschen besteht darin, nicht zu wissen wonach er eigentlich sucht.

Oder besteht der Sinn doch nur aus Macht, Geld, Ruhm, Ego und Profil?

Ich denke, die Eintagsfliege weiß, dass sie am Ende ihres Tages ihren Sinn erfüllt hat, ohne Gedanken an all diese Dinge.

Ein hawaiianisches Sprichwort sagt:

„Die Wahrheit ist älter als die Schöpfung"

Dieses Sprichwort ging mir nicht mehr aus dem Kopf. Was ist denn nun Wahrheit? Ein Verbündeter der Zeit?

Nichts - als die Wahrheit

Irrlichter, gleißende Gedanken aus dem Nichts.
Das Nichts – eine unsichtbare Welt, an der wir vorbei leben oder der Raum für längst gelebtes Leben? Platz für die Summe schon gedachter Gedanken oder der Ort, an dem wir die Wahrheit suchen sollten?
Gibt es die Wahrheit, oder ist sie eine Erfindung des Menschen, genau wie die Zeit?
Die Wahrheit als selbsterdachte Wahrheit?

Das Nichts, jenseits aller Vorstellungen von Zeit und Raum. Ist diese unsichtbare Welt für uns greifbar wie die Wahrheit oder entspricht beides nicht unserer Realität?
Wer macht die Wahrheit, wir selbst?
Gibt es meine „eigene Wahrheit" oder ist sie eine Erklärung für mangelnde Wahrheit?
War die Wahrheit schon immer da oder wird sie durch die Anzahl und die Reihenfolge meiner Möglichkeiten gelenkt?
Besteht die Wahrheit aus einer Verknüpfung aller möglichen Gedanken?
Woher kommen die Gedanken, warum jetzt und hier, warum ausgerechnet in dieser Reihenfolge? Wer strickt die feinen Zusammenhänge oder gibt es einen Ort im menschlichen Hirn, wo die Gedanken sichtbar gelagert sind?
Wer ordnet ihre Entstehung in dieser Reihenfolge an?
Wenn die unsichtbare Welt des Nichts, die Heimat aller gelebten Leben und gedachten Gedanken wäre, ist unsere Realität nur eine von allen denkbaren Möglichkeiten, die ihren Ursprung im Nichts hat.
Es ist, als lebten wir eigentlich nur einen winzigen Teil der Wahrheit.
Liegt die Wahrheit dann nicht in der Summe aller denkbaren Möglichkeiten?
Doch wie kann der menschliche Verstand dieses unsichtbare Haus der Wahrheit greifen?
Im Erleben eines unbedeutend kleinen Teil dieser Wahrheit sind wir nicht in der Lage, das Ganze zu verstehen.

Das Nichts als Geburtsort aller Gedanken.

Wenn sich dort alle gedachten Gedanken finden,

wenn dort alle gelebten Leben ruhen,

kann es dann die Geburtsstätte neuer Möglichkeiten sein?

und wenn…..

wir gerade heute und jetzt nur eine von unzähligen Möglichkeiten leben,

wenn wir nur diese Möglichkeit mit all ihren Fragezeichen in der Lage sind zu verstehen.

Wie viele Möglichkeiten brauchen wir, um die Wahrheit zu entdecken?

Leben wir mit der Wahrheit Rücken an Rücken, fern jeder Möglichkeit das Nichts zu greifen?

Oder leben wir in einer Art Symbiose mit der unsichtbaren Welt? Ist unser Weg sogar abhängig vom Wissen, um die Summe aller Möglichkeiten?

Liegt die Wahrheit letztendlich am Ende aller gegangenen Wege?

So sollten wir uns glücklich schätzen, denn unser Sein ist eingebettet in Wahrheit.

Leben entsteht, am Anfang war der Gedanke. Geflechte aus Gedanken und Möglichkeiten.

Die Möglichkeit eines neuen Weges wird zum Meister der Knüpfkunst.

Allein die Möglichkeit, der schon gedachten Gedanken und gelebten Leben, lässt unzählbare Kostüme des Lebens entstehen. Wie Schauspieler auf einer unsichtbaren Bühne spielen wir unzählige Möglichkeiten der Wahrheit durch, ohne sie jedoch bewusst zu erkennen.

Die unsichtbare Welt des Nichts scheint eine eigenartige
Anziehungskraft auf den Menschen auszuüben. Als sei es
das Ende seines Weges, zum Ursprung aller Gedanken
heimzukehren, in den Schoß aller gelebten Leben. Zurück,
von der langen Suche nach entgültiger Wahrheit, in das
Heim des Wissens und Erkennens.

Die Unrast der Menschen entsteht nicht aus der Sehnsucht
nach dem Wohin, sondern aus der Suche nach der
Erkenntnis Woher. Wo war der Mensch, noch bevor der
erste Gedanke an ihn geboren wurde? Kein Leben entsteht
aus dem Nichts, es muss also ein Davor geben.

Wo war der Gedanke, bevor er gedacht wurde?
Heimatliches Nichts, wohliges zu Hause aller Gedanken
und Geburtsstätte aller Möglichkeiten, in einer
unsichtbaren Welt, die Rücken an Rücken mit unserer
Realität liegt.

Geboren aus dieser unsichtbaren Welt, im Kostüm eines
Gedankens treten wir über die Schwelle des Nichts in die
Welt des Greifbaren. Entstanden aus dem Ursprung aller
Sehnsucht. Das Durchleben der Möglichkeiten, auf der
Suche nach der Wahrheit.

Die Vorahnung begrenzter Möglichkeit lässt uns nach
Auswegen suchen, um das Ziel umgehend zu erreichen.
Das Nichts, mit all seinen unzugänglichen Besitztümern,
weckt die Ursehnsüchte des Menschen in einer Zeit
sterbender Intuition.

Heimzukehren an den Ort, wo gelebte Gedanken in der
Umarmung des Nichts, all ihre Möglichkeiten zu einer

Grundwahrheit verbinden, verwoben von den filigranen Meistern der Flechtkunst.

Die Wahrheit als Summe aller Möglichkeiten, Gedanken und gelebten Leben.

Die Möglichkeiten, als Summe aller gegangenen Wege.

Die gelebten Leben, als Erinnerungen an Möglichkeiten.

Die Gedanken in der Heimat der unsichtbaren Welt, als Schwelle zwischen Leben und Nichts.

Das Nichts, unsichtbare Welt, als Ursprung der Wahrheit.

Die Suche nach der Wahrheit ist nichts anderes, als ein durchforsten und durchleben aller Möglichkeiten.

Im Unvermögen des Menschen, den Ort der Gedanken objektiv wahrzunehmen und seine komplexe Fülle zu erkennen, begleitet ihn die ständige Sehnsucht nach der Vollkommenheit seiner Erkenntnisse.

Im unsichtbaren Haus des Wissens liegt der Ursprung aller Gedanken, doch bar aller Möglichkeiten bettet er sich in den kläglichen Versuch einer Wahrheit. Er, der an diesem Ort nicht mal eines Gedankens wert, ist in seiner nackten Ursprünglichkeit der Wahrheit am nächsten, ohne sie jedoch zu erkennen.

Der Weg selbst ist das Ziel, in der Summe aller gelebten Leben, aller gedachten Gedanken, aller möglichen Möglichkeiten.

Heimzukehren an den Ort, der vor dem Gedanken liegt, dem Nichts.

Ich weiß, dass ich mit diesem Wortspiel gegen alle gültigen Regeln verstoße, aber was hält mich davon ab?

Es gibt diese Gedanken
Es gibt diese Worte
Es gibt diese Buchstaben
Warum sollte ich sie also nicht zu dieser Möglichkeit
anordnen? Zu meiner eigenen Wahrheit.

Was nun?

Wahrheit als pflegeleichte Bügelwäsche?
Dehnbar und gut zu sortieren? Was ist nun Wahrheit?
Gibt es für die eigentliche Wahrheit dehnbare Begriffe?
Ist sie mal so und mal so, so wie es gerade passt?
Wäre Wahrheit dann ein passender Moment, den man sich
zurechtlegt.

Ich beobachte viele Menschen jeden Tag, die aus dem
Alltag eine Art Salatschüssel machen, aus der man sich die
besten Stücke heraus reißt.
Doch ist Wahrheit nicht ursprünglich?
Also mal so Kollege, wir haben jeder 24 Stunden am Tag.
Warum hast du keine Zeit?! Wo ist deine Zeit hin, was
machst du damit?

Diese Frage an sich habe ich mir oft gestellt. Wo ist
eigentlich deine Zeit? Diese Frage war ganz gut, denn ich
hatte keine Antwort darauf. Letztendlich kam mir mein

eigener Tag auch zu kurz vor, warum? Hat jemand die Zeit gestohlen?

Wenn ja, wo ist sie hin?

Vielleicht verteilen wir selbst die Zeit auf unserem Weg in ungerechter Form. Sollten wir uns mehr Zeit gönnen statt von ihr davon zu laufen?
Kennen Sie den „Wochenendeffekt?"
Die Arbeitswoche kommt einem unsäglich lang vor. Man freut sich auf die 2 freien Tage. Dann vergehen genau diese wie Schall im Rauch. Dran gedacht und nichts gewesen, die Arbeitswoche steht auf dem Plan. Unzufrieden stehen wir auf und haben den Montagsfrust. Ein Tag länger Wochenende wäre schön gewesen. Diesen haben wir aber nicht. Was nun, welchen Grund gibt es dafür?
Ist die Woche zu lang oder das Wochenende zu kurz. Man weiß es nicht. Letztendlich bleibt uns eh nichts anderes über, außer Millionär zu werden. Ich bin weit entfernt davon, Sie auch? Welche Möglichkeiten haben wir also nun?

Vielleicht schaut man zu wenig auf den einzelnen Tag, die einzelne Stunde. Sind wir stressgebunden ohne jegliche Weitsicht auf einen gegebenen Moment? Man nannte es einmal „Daher leben", letztendlich in einem anderen Sinne. Aber machen es viele sogenannte „moderne Menschen" nicht anders?

Manchmal sucht man die Ruhe, lässt sich auf eigene Gedanken ein, fernab des alltäglichen Lebens. Ich denke, auch dieses fehlt vielen Menschen in der Großstadt. Abschalten, sich mit den eigenen Gedanken einlassen, sich damit zu beschäftigen. Abseits von Job, Karriere, Leistungsdruck und Sorgen. Einfach mal sich selbst sein.

Kopfsteinpflaster

Gedankenverloren lief ich durch die Straße. Eigentlich wusste ich nicht wohin und ließ mich treiben. Ungewöhnliche Momente der Ruhe, es ist als wenn man in einer Zwischenwelt lebt, einer Welt der Gedanken, die unsichtbare Welt der Gedanken. Eine Welt, die in unserer modernen Zeit keinen Zugang mehr findet.

Kopfsteinpflaster glänzt im Regen. Es sieht aus wie Millionen Bilder, die sich zu einem Einzigen formen. Sie verschwimmen im Regen und bilden sich ständig neu. Bilder aus dem Leben, doch was wollen sie mir sagen, oder sind es unbeantwortete Fragen.
Der Regen lässt den Momenteindruck verschwinden und ich frage mich, was habe ich eigentlich gesehen?
Waren es Fragen, Gesichter oder Antworten? Vielleicht war ich einfach nur schlecht drauf, doch wer weiß das schon? Die Treppe am Kölner Dom ist nass, mein Hosenboden auch, was soll´s?. Die Gedanken kreisen um den Moment.

Doch welchen Moment haben wir jetzt? Ich dachte darüber nach. Ich möchte wissen, überschattet der gelebte Moment meine Gedanken, oder führt mich der Gedanke in diesen Moment. Hier würde sich die Frage stellen, ob ein einziger Gedanke dafür gesorgt hat, dass mein Hintern nun nass ist.

Ist ein Moment eine Art Haltestelle für den Augenblick? Der Regen wird stärker und perlt sich auf dem Boden. Es wird windig und ungemütlich. Die Hose klebt am Hinterteil und ich beschließe nach Hause zu gehen und über alles nachzudenken. Ja, Denken ist ein Ort indem so eine Art Seele sich mit deinem Inneren verbindet. Ein Ort der Ruhe.

Es ist schön Zuhause zu sein.
Im Kamin knistern die Holzscheite. Mein Lesesessel steht an seinem gewohnten Ort neben dem Kamin. Auf dem Tisch steht ein dampfender Irish Coffee. Bonnie liegt auf der Couch und ist eingeschlafen. Ein schöner Anblick. Gibt es einen Schöneren, um nach Hause zu kommen?

Every Day in Peace at home is a good Day

Was ist schon Zeit?
„Eine Verbindung zwischen Vergangenheit und Zukunft im Fluss der Erinnerungen".

Muirdín

Im nächsten Text geht es um die Bedeutung von Zeit, wenn die Zeit verrinnt. Um Menschen, die die Zeit vergessen.

Wenn dein letzter Gedanke dich verlässt

Ein Moment an dem man glauben würde, die Vergangenheit verlässt dich und verschwindet im ewigen Nebel. Momente die verschwinden, dein Leben verlässt dich, so als wäre es nie da gewesen.

Die Augen auf die Vergangenheit verblassen.
Wer war ich noch gestern? Hat es jemals ein Gestern gegeben? Ich weiß es nicht.

Sind es fremde Erinnerungen, oder wirklich meine, meine Letzten. Man weiß es nicht. Ich habe vergessen was gestern war. Die eigene Erinnerung, das eigene Leben, komplett vergessen? Gibt es so etwas?

Leider ja, wir reden über das Thema Demenz.
Kann man sich vorstellen, wie jemand seine komplette Vergangenheit vergisst? Ich habe es gesehen.
Und es kam der Tag, als meine Mutter meinen Namen nicht mehr kannte.

………..

„Man stelle sich vor, die Welt wäre am Ende, wo wäre ich denn dann?"

Muirdín

„Sag mir doch bitte einmal was morgen ist, wenn wir nicht einmal über heute gesprochen haben"

Muirdín

Schatten der Vergangenheit

Meine Mutter war in jungen Jahren sehr agil. Ein kleiner, flotter Feger sozusagen. Körperlich klein, aber in der Erscheinung ganz groß. Wie ein Fels in der Brandung halt.

Niemela hätte ich gedacht, dass dieser Stein jemals fallen würde. Dann kam die Herzgeschichte und die Zeit holte uns ein. Willkommen in der Gegenwart.

Berge sterben niemals allein

Das Leben hat es nie wirklich gut mit dir gemeint.
Nie war es der einfachste Weg, den du gehen musstest. Oft gab es nicht mal eine Wahl.
Doch hättest du den leichteren Weg wirklich immer gehen wollen?

Dein Lebensmotto war immer „Augen zu und durch", als gäbe es kein dran vorbei.
So war es bei den ganz dunklen Dingen des Lebens.

Bei den winzig kleinen, menschlichen Dingen des Lebens konntest du tausend Brücken schlagen, weil du es wieder mal allen recht machen wolltest.
Niemand kann sich in Stücke zerteilen - niemand hätte es je erwartet von dir.

Dein Anblick wirkte immer klein und schwach, doch der schlafende Löwe unter deiner dünnen Haut konnte beißen, wenn anderen Unrecht geschah.
Keine Arbeit war dir zu viel, keine Belastung zu hoch, Ruhe oder Pausen,
die gab es nicht.
Helfende Hände waren dünn gesät, die Stolpersteine der Alltäglichkeit kaum zu umgehen.

So wurde aus einem Menschlein eine Klippe in der täglichen Brandung,
die wir Leben nennen.
Die Brandung - immerwährend wie der Lauf der Zeit, Spuren hinterlassend in spröde gewordener Haut, Linien die das Leben zeichnet.

Nie hast du dich wirklich beklagt über deinen Weg, ihn eher belächelt und dann ignoriert.

Nein sagen, konntest du nicht, nicht mal dein letztes Hemd
war dir wichtig,
du hast es immer und immer wieder hergegeben.
Doch wurden all deine Wünsche erfüllt?

Du warst immer stark und niemals schwach.
Nichts konnte dich brechen, du fandest immer einen Weg,
selbst wenn es eigentlich keinen gab.
Du machtest es möglich, was ich nicht sah.
Du warst klein und groß, stark und schwach in meinen
Augen, doch haben sie dich wirklich jemals sehen können?
Nie hätte ich gedacht, dass Berge in der Brandung
schmelzen können.
Immer dachte ich – Berge leben ewig, wie ich.
Wo ist sie hin - all diese Kraft?

Hör mir noch einmal zu!
Auch die stärkste Brandung verliert sich irgendwann im
Wind.
Die Mittagssonne des nächsten Tages lässt die tiefsten
Meere verdunsten
zu Schönwetterwolken, die deinen Weg weiter begleiten
werden.

Dich hilflos und gefangen zu sehen,
in einem Meer aus Kabeln und Maschinen macht mir
Angst.

Bitte werde doch einfach wieder so stark wie früher.

Dein Sohn Michael

Der Tag als Festung

Der Tag ist wie eine Festung, wie ein Ritual, welches sich
eingebrannt hat, fest in den Tagesablauf. Man weiß nicht
mehr genau warum man es macht, aber man macht es.
Macht der Gewohnheit, mangels Möglichkeit die Dinge um
sich herum noch wahrzunehmen? Man kann sich nur noch
an kleine Dinge erinnern. So etwas wie ein leichter Nebel,
der vor den Augen liegt und wieder vorbei zieht.
Irgendwie wird Vergangenheit etwas, das es nicht mehr
gibt. Menschen, die ihre Vergangenheit vergessen. Demenz,
der schleichende Tod der Erinnerung.

„Vergangenheit und Zukunft sind eigentlich wie ein
Händeschlag.
Verbundenheit zwischen dem Jetzt und Nichts.

Die Sekunde leitet die Minute ein. Der Tag schläft während der Nacht.
Die Sonne wandert umher, doch der Mond behält die Wacht.
Kreisel der Zeit, ich bin bereit, an jedem Morgen, zu jeder Zeit"

Muirdín

Zeit verrinnt

Die Sommerferien waren damals noch unendlich. Eine gigantische Zeit, die man zur Verfügung hatte. Man hatte das Gefühl, als würde sie nie enden.

40 Jahre später und wir denken, jeder Tag, jede Woche und jedes Jahr, werden irgendwie kürzer. Was ist passiert? Wird im Alter die Zeit wirklich weniger oder kürzer?

Als Kinder machen wir uns im Alltag keine Gedanken über Zeit. Sie ist einfach im Überfluss vorhanden. Sie ist unwichtig, hat gar keine Bedeutung für den Augenblick.

Doch was ist ein Augenblick?
Der Abschluss einer Sekunde? Was ist eine Sekunde, die man im Stress der Zeit gar nicht wirklich erlebt?

Tausend Dinge, die ich heute Morgen noch erledigen wollte. Dann kamen 1000 neue Dinge auf mich zu und ich wunderte mich, dass der Tag plötzlich vorbei war. Wo ist die Zeit geblieben?
Kann man Zeit anhalten, so wie einen Bus an einer Haltestelle?

Man steht am Straßenrand, Staub wird durch den Wind aufgewirbelt. Der Horizont erlischt im Staub. So wie die Zeit im Nebel der Gedanken.

Zeit der Könige

Damals waren wir Freunde für einen Teil unseres Lebens, unserer Kindheit.
Hatten gerade Mal das erste Schuljahr hinter uns gebracht, erste wackelige Schritte in Richtung erwachsen werden.
In fieberhafter Eile die leidigen Hausaufgaben hinter uns gebracht und nichts anderes im Kopf gehabt als - raus zu den Freunden - raus in die weite Welt, Abenteuer erleben!
Unsere weite Welt lag hinter dem Haus. Ein großes, völlig verwildertes Feld, um das sich niemand kümmerte.
Wir zogen dort ein wie Könige und eroberten das Land.
Tausend Abenteuer hatten wir zu bestehen.
Kämpfe mit unheimlichen Wesen aus einer anderen Welt, feindlichen Stämmen, die unser Lager überfielen und uns vertreiben wollten, doch wir standen Rücken an Rücken.

Es war unser Reich. Seltsame Kreaturen, die wir verborgen und heimlich beobachteten, nie haben wir jemandem davon erzählt.

Es war unser Geheimnis, unsere Aufgabe war es, die Welt vor ihnen zu beschützen.

Wir versteckten uns in selbstgebauten Höhlen aus Sträuchern und Büschen.

Ernährten mussten wir uns von Brombeeren, die wir mit aller Geduld dieser Erde, aus ihrem stachligen Grün pflückten. Es war eine Wohltat und wir waren glücklich in unserem Reich.

Da, ein Angriff der Bande aus dem Nachbargarten!

Flucht auf unsere Festung aus flachen Garagendächern, Wellblech und Teerpappe.

Wir verteidigten unser Reich aufs Letzte, mit Schwertern, Lanzen und Dolchen.

Bäume, die an den Mauern unserer Festung wuchsen, lieferten fürchterliche Wurfgeschosse. Früchte, die auch in den Bäumen versteckt waren, dienten uns zur Stärkung nach dem Kampf. Auch waren sie Trostpflaster für die Besiegten, denn wir waren gnädige Könige.

Wenn niemand da war, machten wir Abenteuerreisen in das Nachbarreich. Angst hatten wir nie und vor gar nichts.

Es hatte eine hohe Mauer, war sehr dunkel und geheimnisvoll.

Wir sind weit vorgedrungen, doch der letzte Blick hinter die dichten Tannen wollte uns nie gelingen.

Fast wären wir in die Fänge der Wesen aus dem dunklen Reich geraten, die immer so laut brüllen.

Aber wir waren immer wieder schneller.

Wir waren Sammler. Wir sammelten Brombeeren, Äpfel, Birnen, Pflaumen, Mirabellen, ja sogar Blumen für unsere Höhle.

Wir waren Handwerker. Wir bauten Werkzeuge, Waffen, Baumhäuser und Höhlen. Wir waren Künstler, wir schnitzten aus Holz die schönsten Dinge.

Ja, wir waren die Könige in unserem Reich.

Aber dann riefen die Eltern, wir mussten nach Haus.

Es war ja Zeit für das Abendessen und bald müssen wir schlafen gehen.

Aber morgen nach der Schule kommen wir wieder!

Irgendwann hat der Wind des Schicksals unsere Wege getrennt. Auf unserem Königreich steht jetzt ein hässlicher Klotz aus Beton.

Es ist untergegangen, als wir nicht da waren. Warum haben wir nicht besser darauf aufgepasst?!

Heute traf ich einen Jungen von früher, er hat mit in deinem Haus gewohnt.

Wir hatten ihn damals gesehen, doch nicht beachtet, wir waren ja die Könige unseres Reiches. Auch heute habe ich ihn nicht erkannt.

Er sprach mich an, erzählte mir von dir, doch ich sah nicht mal mehr dein Gesicht. Verblassende Erinnerungen.

Er sagte mir, du seiest schon lange Tod.

Dreh dich endlich um!

Dann stand sie hinter dir, die Zeit. Sie lächelt dir ins Gesicht und sagt, heute bekommst du mich nicht. Wie stehst du eigentlich vor mir? Wie ein Gebeutelter des Augenblicks. Was wurde dir eigentlich genommen, in jenem Augenblick?

Vielleicht ein Moment für den Blick auf mich, die Zeit? Was bildest du dir ein? Glaubst du, du könntest mich verführen und einsperren? Nein mein Freund, ich bin frei und von allen Regeln gelöst. Ich komme und gehe wann ich will, ganz unabhängig von dir und deinen Wünschen. Also dreh dich um und warte, bis ich zu dir komme.

Vielleicht ein Moment für den Blick auf die Zeit. Ein Moment, der im Morgennebel verdunstet und so nie mehr erscheint.

Sieht man die Zeit von vorne an, bekommt man einen anderen Blickwinkel. Was wäre jetzt Zeit, wenn nun einige Löffel zu viel davon zur Verfügung hätten? Zeit ohne Ende, was würde das bedeuten?
Ich könnte mir für den Tag einige Dinge mehr einpacken. Den Tag ganz voll und dicht machen. 24 Stunden sollten voll genutzt werden, um am Ende festzustellen, wieder zu wenig Zeit zu haben. Man stellt am Ende des Tages fest, eigentlich habe ich viele Dinge angefangen, aber nicht beendet. Wo ist die Zeit geblieben?

Zeichen der Zeit

Nie hätte ich sie erkannt. Nie hätte ich von ihrem Dasein erfahren.
Nie hätte ich gedacht, dass der Nebel in deinem Blick aus Trauer besteht.
Nie hätte ich gedacht, dass du anders bist als ich denke.

Es ist, als hätte sich die Zeit eingeholt. Was früher unendlich weit erschien - ist plötzlich sehr nah. Jahre des Lebens, als Fremde aneinander vorbeigelaufen und nicht erkannt. Wege die gemeinsam verliefen - und sich dann verzweigten für lange Zeit.

Verständnisloses Fragen nach dem Warum verhallte im Raum der Gedanken. Die Antwort verlief sich im unendlichen Echo der Zeit.
Das Vergessen versucht zu verzeihen, eine Stimme die nie verstummt.

 Winzige Falten des Zornes in dein Gesicht gebrannt. Schatten des Lebens von seichter Gestalt. Kaum zu erahnen in der Strömung der Zeit.
Trauer bricht heraus - ganz unerkannt in der Unendlichkeit.

Nun sehe ich dich und erkenne dich nicht. Trauer der Zeit hat deinen Körper verbrannt. Nebel der Erinnerung beißt sich ins Hirn und verflüchtigt sich in den fliehenden Minuten des Tages. Zeit die zwischen den Fingern zerrinnt. Ereignisse die ein Leben zertreten und haften bleiben. Das Erkennen aus junger Zeit wird wieder wach. Erinnerungen nehmen Formen an, die verschwommenen Gestalten aus den Träumen der Jugend werden greifbar mit samtig warmer Haut.

Nun stehst du neben mir im Licht des Mondes und siehst mich fragend an.
Augen die die Heimat sehen und die Nebel der Vergangenheit. Wolken am Himmel ziehen vorbei und werden zu jungen Schafen am Himmelszelt.

Jägers Mond bricht in die Nacht, das neue Jahr mit neuen Hoffnungen beginnt, es ist Samhain. Gedanken die sich zu einem Verbinden und Zeit, die im Moment verschmilzt. Vergangenheit und Gegenwart treffen sich im Augenblick des Jetzt.

Das Mondlicht ist selten so klar und ein Duft von Winter streichelt meine Sinne.
Mitternacht, doch es ist als lebt die Natur. Vögel die lärmen und zetern, Kastanien die auf den Asphalt prasseln, ein Schauspiel der Nacht.

Ich sehe deinen Schatten, weit hinten in der Nacht. Laub der Zeiten das auf den Saum deiner Decke rieselt. Dein Blick zeigt in die Sterne und deine Haut ist feucht vom Hauch der Nacht. Dein Atem wirft Schleier und meine Erinnerung erwacht.
Tausend Jahre sind wie ein Tag. Schmerzen und Freude ziehen vorbei, doch die Angst auch nur eines der verlorenen Jahre zu greifen ist immer dabei.
Die Nebelschwaden meiner Erinnerung kristallisieren in den Kronen der Bäume und lassen sie funkeln. Das Bild verschwindet aus meinen Gedanken, sie geben dich für immer frei.

Ein Gedanke

Es gibt Momente, in denen die Zeit scheinbar still steht. Doch was ist Zeit?

Jeder hat einen anderen Eindruck von Zeit. Lässt sie sich mit den Händen fangen? Mit den Gedanken eingrenzen? In ein menschliches Schema pressen? Ich glaube nicht.

Aus Neugier habe ich einige Zeitzeugen befragt und sie gebeten, mir 2 Sätze zum Thema Zeit zu nennen, als persönliche Meinung. Es ist interessant zu sehen, welch unterschiedliche Auffassungen Menschen von Zeit haben. Vielleicht liegt es auch nur daran, dass einige Mensche mehr und andere weniger Stress haben. Wer weiß?
Einige Aussagen dazu finden Sie auf den folgenden Seiten.

Zeitzeugen

Ralfie 58 J. (Hobbyfotograf)

Zeit ist etwas, was jeder für sich selbst erlebt;
Mit der Zeit ist der Mensch unfrei geworden.

Aus der Sicht des Fotografen:
Mit den Bildern kannst du für einen Moment die Zeit anhalten.

Sein Zitat:

„Leben misst sich nicht an der Anzahl der Tage die du lebst, sondern an den Momenten, die dir den Atem rauben"

(unbekannter Verfasser)

Inge

„Zeit ist das Geschenk des Himmels"

Dennis

„Zu wenig Zeit"

Ralf

„Zu wenig Zeit"
Klaus

„Genieße jeden Moment deiner Zeit. Zeit ist kostbar, Zeit ist Vergangenheit"

Renate

„Man hat ja nicht viel Zeit"

Hr. Weinziehr 93 J. (Buchbinder)

„Zeit existiert doch gar nicht mehr"

Joen

„Die Zeit ist zu kurz um alles zu erleben"

Muirdín selbst

„Zeit ist ein untreuer Vagabund, vom Menschen gemacht. Der klägliche Versuch etwas zu erklären, was man nicht verstehen kann. Man erkläre mir bitte einmal den Begriff Unendlichkeit. Dann wäre man dem Verständnis von Zeit sicher ein Stück näher"

Julia 40 J. (Physiotherapeutin)

„Ein erfundener Begriff. Ein Regelwerk des modernen Lebens. Zeit zu haben ist ein kostbares Gut"
Hr. Leistner 96 J. (Leider verstorben R.I.P.)

„Ansporn dabei zu sein und zu bleiben. Zeit ist ein Musswerk. Irgendjemand sagt dir, da ist die Zeit am Ende. Zeit ist ein Wort für Ansporn, ein Befehl. Je mehr High Tec wir haben, desto mehr Natur brauchen wir"

Hr. Fredrich (Jahrgang ´38)

„Vieles erleben wir sowohl zeitlich als auch körperlich von Geburt an bis zum Tode. Unser Verstand verarbeitet nun Erfahrungen aus einem Wahrnehmungsbereich, kann dabei aber nicht entscheiden, ob unsere Welt ewig ist, oder von wo einen Anfang hat. Der Verstand kann keine Weisheit erkennen sondern beschränkt sich auf Informationen die durch unsere Sinnesorgane bekannt wurden.

Was erwartet uns, bzw. zukünftige Generationen?

Was mag eines Tages von Bedeutung sein? Welche Techniken und Neuerungen werden den Alltag der Neuheit bestimmen. Dies sind alles Fragen, die wir heute nicht mit Sicherheit beantworten können, es sei denn, wir könnten uns auf eine Zeitreise begeben. Warum fasziniert uns das Thema Zeitreise? Zeit ist etwas Besonderes und kostbares. Sie macht unser Leben kostbar. Es wäre eine faszinierende Sache, könnten wir in die Zeit zurück reisen um unsere Fehler zu korrigieren. Zukunftsängste zu haben, ist ein schlechter Ratgeber.

Schneller, weiter und mehr, scheinen das Maß aller Dinge zu sein. Wir können aber nicht alles im Laufschritt erledigen.

Vielleicht sollte man einmal inne halten und Luft holenum gelassener und ruhiger zu werden. Jeder braucht Entspannung um seine körperlichen Akkus aufzuladen und sich dann mit neuer Kraft den neuen Herausforderungen zu stellen.

Zitat: Ein Ausspruch von Woody Allen

„Das Leben ist voller Elend, Einsamkeit und Leiden – und dann ist es auch noch viel zu schnell vorbei"

„Sag mir doch bitte einmal was morgen ist, wenn wir nicht einmal über Heute gesprochen haben"

Muirdín

Ulli (66, Rentner)

Zeit ist Nichts, Zeit ist unendlich, lässt sich nicht definieren.

Ich bin zeitlos, brauche nicht mehr gebunden zu sein, seit der Rente.

Letztendlich bin ich froh, zeitfrei zu sein.

Sekunden oder Lichtjahre

Der Versuch einer Flucht aus der alltäglichen Zeit zeigt mir, dass ich eigentlich immer an genau dem gleichen Punkt ankomme.

Überhole ich die Zeit, oder sie mich?
Ein ständiger Gedanke, der im Raume steht.

Würde ich die Zeit ständig am gleichen Punkt treffen, wären wir gleich schnell, oder verschiedene Wege gehen. Für eine Flucht aus der alltäglich modernen Zeit, müsste ich eigentlich schneller sein als die Zeit, um Zeit für mich zu retten.

Doch vielleicht ist die Zeit immer schneller als die Menschen, die versuchen sie am Ziel noch einzuholen. Vielleicht ein falsch verstandener Wettkampf?

Wir denken, wir haben die Zeit erfunden und richten unser Leben danach. Die Frage im Raum wäre wieder, was ist Zeit? Im Universum können wir Zeit nur mit unseren urzeitlichen Mitteln in Worte fassen, sozusagen für den menschlichen Verstand in Begrifflichkeit pressen.

Doch weiß das Universum wann ein Jahr vorbei ist?
Misst das Universum das Jahr in 356 Tage? Oder ist diese menschliche Rechnung dafür völlig unbedeutend?
Letztendlich hat das Universum das Jahr nicht gemacht.
Wer bestimmt also Zeit und was ist sie?
Hat sie für jeden eine andere Bedeutung, oder ist sie ein fester Punkt?
Welcher menschliche Geist will Lichtjahre in klare menschliche Begrifflichkeit pressen?

Genau genommen kann der Mensch kaum über den Rand des Suppentellers sehen. Wie will man dann das Universum und die Zeit verstehen? Ich gehe da eher von Fantasie, Wünsche und Spekulationen aus.

Eigentlich ist mir ein normaler Tagesablauf lieber. Er ist wenigstens überschaubar. Die Hoffnung, die mich treibt, ist das Ende eines schönen Tages. Gemeinsam und keinen unnötigen Stress gehabt zu haben.

Sich nach einem „getrennten" Tag dann abends ans „moderne Lagerfeuer" namens Kamin zu setzen. Tief einatmen um den Tag heraus zu lassen. Mit Lächeln im Gesicht welches sagt, dieser Tag war lang, dieser Tag war hart, aber ich danke dir für jede Sekunde, die wir gemeinsam davon verbringen dürfen.

Suche

Wärst du nur eine Sekunde nicht da, eine Sekunde vom Teil meines Lebens, würde mir ein Teil meines Lebens fehlen.

Ohne diese Sekunde hätte ich nie ein vollständiges Leben gehabt. Wahrscheinlich hätte ich bis in alle Ewigkeit nach dieser Sekunde gesucht.

....

„Ich sage es einmal so, wäre mein nächster Moment nicht der Letzte, würde ich weitermachen und auf das schauen, was noch kommt"

. . . .

„Zeit ist ein interessanter Begriff. Vor allem, wenn sie scheinbar kürzer wird und damit an Bedeutung gewinnt"

Muirdín

Ungelebtes (ungeliebtes?) Leben

Da ist es nun, das Tor der Zeit.
War sie nicht immer gegenwärtig die Angst vor diesem Augenblick?
Eine drohende Gewissheit seit Anbeginn deiner Zeit. Der erste Hauch deines Lebens fiel in die Tiefe, wie eines von Millionen Körnchen in einer Sanduhr.
Doch wer hat schon an das letzte Körnchen gedacht?
Dein Leben rauschte vorbei wie eine Wanderdüne im Sturm.
Kleinste und unbedeutende Ereignisse bauen sich auf, zu unbezwingbaren Wällen des Lebens. Im ersten Moment

noch unsagbar wichtig, im nächsten schon nicht mehr
gewesen.
Wünsche und Vorstellungen weichen zurück aus dem
Leben, wie das Meer beim Einsetzen der Ebbe.
Träume verlieren sich wie Rinnsale im Sand.
Die Angst ist der Wächter all deiner Unzulänglichkeiten,
die dich verharren ließen in entgültiger Bewegungslosigkeit.
Dabei wolltest du doch noch so viel machen.
Das Wort „später" fraß sich in deine Gedanken und war
dein ständiger Begleiter.
Ein Mantel aus Müdigkeit und Belanglosigkeit trägt deinen
Willen in den Schlaf.
Im Traum spürst du die feuchten Steine einer kalten Mauer
im Rücken
- die Zeit.

Was hast du getan?
Was ist davon geblieben?
Wohin mit den Träumen?
Wo sind deine Wünsche, deine Möglichkeiten?
Die Körnchen fallen unaufhaltsam durch das Nadelöhr der
Zeit.
Der Berg aus Sand, er wächst in gigantische Dimensionen.
Die Zeit - sie schwindet und sägt an deinem Bewusstsein.
Wie gerne hättest du mehr Zeit für dich gehabt, wie gerne
hättest du deine Träume gelebt?
Du hast es nicht geschafft, es gab so viel anderes zu tun
und das Wort „später" lodert in deinem Hirn.

Doch da ist es - dieses Tor und die Gewissheit nimmt
Gestalt an.

Die Zeit ist kein Geschenk der Unendlichkeit. Nicht jeder
Weg ist mehrmals zu begehen und Träume enden mit der
Möglichkeit des Erlebens.

Da ist es nun - dieses Tor, das Ende aller Wünsche des
Lebens.

Du siehst noch einmal hoch in den klaren Nachthimmel,
weit in das Sternenzelt.

Dein Schöpfer dankt dir für all die Menschlichkeit in
deinem Leben und nennt dich vorbildlich.

Du schaust zurück in die Menge deiner Freunde. Sie stehen
geschlossen hinter dir und nennen dich uneigennützig.

Die jubelnde Menge, die neben dir steht, ruft:
„Heldenhaft!"

Doch dein letzter Wunsch wäre gewesen, einmal den Sand
und das Meer zu sehen.

Warum hast du es nicht getan?

Du schaust nach vorn auf das Tor. Auf einem reich
verzierten Schild steht geschrieben:

„Käfig der ungelebten Leben"

Der Mensch als größtes Mysterium seiner Zeit

Wie der Baum lebt auch der Mensch in drei Welten.

Seine Gedanken fliegen frei und ungehindert durch die
Weiten des Universums.
Mit den Beinen steht er in der heutigen Zeit und lebt sein
modernes Leben.
Doch mit der Seele ist er fest verwurzelt in der
vergangenen Zeit.

Der Mensch sollte beginnen seinen Blick des Öfteren nach
unten zu richten,
vielleicht findet er dort endlich, als größtes Mysterium
seiner Zeit -

Sich selbst

Schatten der Vergangenheit

Das Kind das seine Gedanken noch nicht fassen kann, weil
diese Gedanken sein Wissen und seine Erfahrung
überschreiten.
Sein Reden, sein Handeln erscheint vielen fremd und
sonderbar.
Der Mensch meidet, was er nicht kennt oder versteht,
vielleicht sogar aus Angst.
Doch das Kind hat die gleiche Angst, denn es versteht die
eigenen Gedanken nicht.

Woher kommen diese Bilder aus alter Zeit?
Es kennt Orte, an denen es noch nie war, Dinge die es noch nie gesehen.
Das Kind zieht sich zurück aus Angst vor den eigenen Gedanken und aus Angst vor den Menschen, die es nicht versteht.

So vergehen Jahre in der Verbannung seiner eigenen Identität. Der Mensch wird sich selbst zum Gefängnis in seiner unsichtbaren Gedankenwelt.

Gedanken die frei sind können fliegen. Gedanken, die gefangen sind, können töten.

Wieder vergehen die Jahre im eigenen Unverständnis. Ein langsames Sterben der Gedanken, ein schleichender Tod.
Das Kind wird erwachsen, lebt in einer Welt ohne Gedanken.
Die Zeit vergeht und spielt ihre Spiele mit den Unverstandenen des Lebens.

Katastrophen, Schicksale, Ereignisse, Erfahrungen, Altes bahnt sich seinen Weg. Stimmen der Vergangenheit verschwinden nie so ganz.

Das Leben ohne Gedanken beginnt sich in der Ruhe des Alters zu verändern.

Dinge, die im modernen Leben als lebensnotwendig
erscheinen, werden mit neuen Augen nur noch zum
lästigen Ballast der Vergangenheit.

Die alten Gedanken als Unterdrückte seines Lebens
werden frei und fliegen ungehindert durch die dunkle Welt
seines Seins.
Er möchte sie fassen und berühren, sie verstehen und
beschützen, denn langsam ahnt er, wer sie wirklich sind.

Zeitreisende des Lebens durchströmen die Körper des
Seins.
Erkennen, Erfahren, Wissen und Denken,
die Essenzen des Lebens sterben nie –
Die Stimme der Seele erzählt davon.
Hast du verlernt, sie zu hören?

Der alte Mann

Da saß er nun, der alte Mann.
Im Spiegel sah ich, dass er mich von der Seite musterte.
Erst einmal, dann zweimal, dann immer länger.
Unter seinen grauen, zurückgekämmten Haaren funkelten
neugierige Augen.
Augen die so jung und vital wirkten, als müssten sie noch
die Welt entdecken.

Seine Kleidung wirkte, wie die eines alten Bauern, aus einem anderen Jahrhundert und er wirkte klein und eingefallen.

Doch da waren die Augen, die mich musterten.

Ich hatte meinen freien Tag und saß beim Frisör. Ich besuche ihn nun schon seit Jahren, obwohl ich längst in einem anderen Stadtviertel wohne.

Es war Mittagszeit und seine Pause noch nicht um.

So saß ich da in diesem Raum, die Lichter an den Spiegeln waren ausgeschaltet und es war ganz ruhig, ich wartete.

Ich war früh dran und eigentlich wollte ich diese Zeit nutzen, um mir ein paar Notizen für mein neues Buch zu machen. Doch da waren diese Augen, die mich musterten.

Ich dachte bei mir, er sieht aus wie ein alter irischer Bauer. Verwittert im Gesicht und mit ganz viel Leben auf den Schultern.

Eigentlich war mir nicht nach Small Talk, doch ich wusste, gleich spricht er mich an.

Es dauerte auch nicht sehr lange, bis er endlich anmerkte, dass es nun nicht mehr lange dauern würde, bis der Frisör aus der Pause kommt. Ich antwortete höflich aber oberflächlich, dass der Tag noch unendlich lang sei und noch einige Dinge getan werden können und dass ich es nicht eilig hätte.

Danach war einige Zeit Ruhe, bis er wieder anfing mich zu mustern.

Auch jetzt dauerte es nicht lang, bis er mich auf das herrliche Wetter ansprach und dass wir uns doch diesen Winter wirklich nicht beschweren können.
Und so antwortete ich weiter in höflicher Weise auf seine Floskeln in der Hoffnung, dass der Frisör doch bald kommen möge.

Doch er kam nicht und der alte Mann gab nicht auf. Er erklärte mir, dass er mich nicht belästigen wolle und dass ich seine Neugier entschuldigen solle. Er war sich sicher, die Menschen zu erkennen, die ihm das nicht Übel nehmen. Bei allen anderen würde er nur Floskeln austauschen und auch nichts fragen.
Beim Wort Neugier musste ich innerlich schmunzeln und dachte: „Die Iren, immer neugierig, immer am Leben des Anderen interessiert."
Dabei war ich mir sicher, dass er kein Ire war. Aber er erinnerte mich an sie, erinnerte mich an etwas, ich wusste nur nicht an was.

Der alte Mann erzählte weiter. Er sagte, dass er fremde Menschen erkennen würde. Erkennen, ob er mit ihnen wirklich reden könne, ob sie Gutes in sich haben und sie versuchen würden zu verstehen, und ob sie ihn ernst nehmen würden.

Er sagte, dass er vieles sehen würde, vieles erkennen würde, dass andere Menschen nicht mehr wahrnehmen würden.

Auch das er sich mit Psychologie beschäftigt, schon seit
Jahren. Er habe einige Bücher gelesen über
„Tiefenpsychologie" und darüber, dass der Mensch sich
sehr verändert hätte im Laufe der Jahrhunderte. Und dass
er trotz allem Fortschritts nicht ein besserer oder
weiterentwickelter Mensch geworden ist.

Ich war mir nicht ganz sicher, was er meinte, ob er nur ein
Psychologiebuch gelesen hat oder an die gleichen alten
Dinge glaubt wie ich.
So reden wir über Wahrheit, Glauben, Wissen und über die
Ehrlichkeit, als der Frisör sein Werk schon längst begonnen
hatte.

Der alte Mann glaubte, dass sein Wissen und sein Interesse
an der Tiefenpsychologie ihn geistig frisch und jung halten
würden, ja dass es ihn länger leben lasse. Länger leben, ja
das wollte er auf jeden Fall.

Zum Beweis seiner Theorie forderte er mich auf sein Alter
zu schätzen. Ich bemerkte, dass es nicht leicht für mich sei,
Alter in den Gesichtern der Menschen abzulesen, da die
Oberfläche der Gesichter oft trügen würde.
Um ihm einen Gefallen zu tun und weil er mein Interesse
mittlerweile wirklich geweckt hatte, schätzte ich sein Alter.
Meiner Meinung nach sah er wie ende sechzig aus, das
sagte ich ihm. Er meinte, dass meine Antwort seine Theorie
beweisen würde, denn er sei schon dreiundachtzig Jahre alt.

Als der Frisör seine Arbeit beendet hatte, wollte der alte Mann sich nicht so recht trennen. Er verabschiedete sich mehrmals und betonte nochmals, dass sein Leben mit dem Wissen und dem Interesse an Tiefenpsychologie verlängert werde.

Ich wünschte ihm noch einen „guten Weg" und sah ihn durch die Tür gehen.

Der Frisör begann seine Arbeit an meinen Haaren und wir redeten noch eine Weile über den alten Kauz.

Der Frisör meinte, dass der alte Mann diese Geschichten schon seit Jahren erzählen würde und er war sich nicht ganz sicher, ob der alte Mann die Bücher gestern oder vor langer Zeit gelesen hätte. Denn einige Dinge klangen nach „alter Zeit".

Wir philosophierten noch eine ganze Zeit darüber, ob die Beschäftigung mit der Tiefenpsychologie und das vorhandene Wissen darüber wirklich das Leben verlängern würde.

Auf dem Rückweg wurde ich das Gefühl nicht los, dass der alte Mann mir etwas hatte sagen wollen. Noch wusste ich nicht was.

Die Dinge, die er über Glauben, Wahrheit und Ehrlichkeit und Wissen sagte, erinnerten mich an den „alten Weg". Der „alte Weg" war mir nicht fremd. Ich verstand aber nicht, warum er sich so auf die Tiefenpsychologie versteifte.

Sollte er im hohen Alter etwas durcheinander geschmissen haben?

Mein Tag ging weiter, doch der alte Mann verließ meine Gedanken nicht.
Ich fragte mich, was er mir sagen wollte. Ich dachte über die Dinge nach, die er gesagt hatte und das Manches für mich ungeordnet erschien.
Oder hatte der alte Mann doch mit den richtigen Augen gesehen, aber in falsche Worte gefasst?

Der Tag verging und ich dachte nach.
Urplötzlich und ganz am Rande sah ich es auf einmal vor mir. Es war denkbar einfach. So einfach, dass ich es fast übersehen hätte.
Nun fielen mir auch Bezüge ein, ich bin doch schon einmal daran erinnert worden.
Der irische Film, seine Botschaft war „die Kraft des Glaubens" an etwas.

Der alte Mann redete von Tiefenpsychologie, beschrieb aber die alte Suche der Druiden. Er wusste von der Kraft des Glaubens, der Urkraft der Hoffnung und die wärmende Umarmung der ursprünglichen Wahrheit.
Der Glaube und die Suche nach der Wahrheit die ihn am leben erhält.
Der alte Mann lebt in einer weitaus größeren Vergangenheit, als er sich selbst bewusst ist. Sein Glaube an

die alte Suche enthält eine unheimliche Energie, die ihn nicht einschlafen lässt. Der Wille verlängert sein Leben.

Der alte Mann sagte: „Die innere Uhr verlangt die Ehrlichkeit".

Ich denke: „Sie lässt sich weder in menschliche Grenzen zwingen, noch belügen".

Der letzte Satz des alten Mannes war:

„Ich will doch noch so viel sagen, so viel länger leben". Warum nimmt man mir das?!

Rastlosigkeit der Zeit

Der Mond steht da und beobachtet die Zeit.

Sie ist still und rastlos und nie an einen Fleck gebunden.

In stetiger Unruhe wandert sie weiter, auf der Suche nach einem unerkannten Ziel.

Immer auf der unendlichen Flucht vor sich selbst.

Der Mond wartet immer noch im Mantel der Nacht.
Seine glänzenden Finger berühren den kühlen Tau des neu
geborenen Tages.
Er lächelt und sein Lächeln umspielt eine tiefe, sonderbare
Ruhe.

In seinem Rücken erscheint die Zeit, zurück von langer
Reise.
Sie sah die Sterne durch das All gleiten und Kometen
vergehen.
Sie raste durch die Finsternis des Alls und fühlte im Rücken
die Wärme der Sonne.
Ihr Glück war vollkommen, als sie glaubte die Schöpfung
zu sehen.
Den Mond beeindruckte das wenig.
Bewegungslos sah er weit in die Ferne.
Seinen Mund umspielte ein Lächeln, als er endlich sagte:
„Ich habe die Geburt eines neuen Tages gesehen!"

Und die Zeit überkam eine tiefe Traurigkeit,
denn in diesen Minuten war sie leider nicht da gewesen.
Irgendwo zwischen der Zeit
Irgendwann wird deine letzte Erinnerung zu Staub. Ein
Gefühl, als würde man zusehen, wie eine uralte Ruine in
ihre Einzelteile zerfällt. Fassungslos stehe ich davor und
kann keines dieser Staubkörnchen halten. Sie verwehen im
Morgenwind. Was übrig bleibt ist ein Griff in den

Wüstensand. Ich greife tief hinein und hole trotzdem nur eine Hand voll Sand hervor. Ich habe mehr erwartet, aber was habe ich erwartet? Einen Lebensbaum, eine Schale Wasser?

Da wo Gedanken und Erinnerungen zu Staub zerfallen bleibt ein trockenes Nichts, ohne Nährboden für Neues. Kann ich ohne Erinnerungen etwas Neues schaffen? Oder bleibe ich im Nichts und warte auf das letzte Dunkel?

Ich freue mich über einen Besuch, doch leider weiß ich den Namen nicht mehr. Auch das Gesicht kommt mir nicht richtig bekannt vor. Aber ich lächle mal freundlich. Meist freuen sie sich dann auch.

Sie stellen mir Fragen, auf die ich keine Antwort habe. Aber wenn ich nur freundlich genug drein schaue, haben sie die Fragen meist vergessen, genau wie ich.

„Ich sehe die Schatten an der Straßenecke.
Die Laterne leuchtet noch.
Doch ich sehe nicht, was hinter dieser Ecke ist.

In welche Richtung gehe ich nun?"

Muirdín

Vielleicht schon Morgen?

Ein sehnsüchtiger Blick erfasst die Versuchung des Tages. Durch die Schleier des erwachenden Himmels explodiert der Tag. Einladendes Blau, eine Woge der Freundlichkeit überfällt die Erde und umarmt alles Leben darauf mit unendlicher Wärme.

Der Tag verspricht Gutes, Freude erfüllt mein Herz und lässt es in tausend Kristalle zerbersten. Ist heute etwa der Tag?

Verträumt und ungläubig sehe ich in das Tal. Der See schimmert in einem satten Grün, die dunklen Tannen spiegeln sich darin.

Der mächtige Stamm liegt in meinem Rücken, ein kleiner Zweig kitzelt meinen Nacken. Das Moos mit seinen flauschigen Haaren lädt zum berühren ein.

Gedankenverloren lehne ich an einem Baum, der See verschwimmt vor meinen Augen. Ist er noch Wirklichkeit? Die Zeit kennt keinen Raum und doch ist sie die größte Mauer dieser Welt.

Das Grün der Tannen wirkt wie durch einen Nebel, doch der feine Duft umspielt meine Sinne......

Deine Lippen berühren leicht mein Ohr. Worte die nur zu erahnen sind, fast nicht von dieser Welt. Aber ich nahm sie wahr, damals.

Fragende Blicke aus brennenden Pupillen, die Kraft deiner Seele bricht aus deinen Augen.

Ein Rausch der Farben ertränkt meine Gedanken und zieht mich herunter in einen Strudel aus Perlen der Zeit. Die Zeit nimmt mich gefangen und ich will fliehen. Ich weiß, ich werde es schaffen!

ABER HEUTE NICHT

Worte der Zuneigung schweben durch den Raum, Worte voll Hass bringen sie zu Fall und schmettern sie zu Boden. Wir liefen an ihnen vorbei und ließen sie achtlos liegen, mit der Gewissheit, dass es noch tausender anderer Worte als Ersatz dafür gibt.

Ein Blick der mit dem meinen verschmelzt, ein Blick durch mich hindurch.
Hände die mich halten wollen, Gesten von verteufelter Ignoranz.
Ich werde diese wieder sehen, ABER HEUTE NICHT
Worte die Versprechen wollen, Blicke die Verheißen sollen, Gesten die Vertrauen heischen,
Ich werde sie wieder hören, ABER HEUTE NICHT
Längst begangene Wege, Schritte in die Vergangenheit.
Vergangenheit, als schützender Mantel alter Erfahrungen.
Die Geburt, als Beginn einer neuen Vergangenheit.
Das Leben, als momentane Möglichkeit der Erfahrung.
Gelebte Leben treffen sich an den Kreuzungen der Zeit.
Ich werde sie wieder sehen, ABER HEUTE NICHT
Worte voll Ehrlichkeit mit dem Handschlag des Vertrauens.
Der Blick so tief wie Seelen, die sich in der Zugehörigkeit berühren.
Ich werde ihn wieder sehen, ABER HEUTE NICHT
Im Feuer der Zuneigung, die Umarmung auf den Hügeln zur Ewigkeit.
Ich werde sie wieder spüren können, ABER HEUTE NICHT.

Sehnsucht kennt nicht die Grenzen von Raum und Zeit.

WAS wäre...

Wenn ich ein Dieb wäre und der Stunde eine Sekunde
klauen würde. Wäre die Stunde dann noch eine Stunde,
oder ein unerklärbarer Rest von Zeit?

Was macht die verlassene Stunde mit ihren 59 Sekunden?
Fühlt sie sich unvollständig, von der Sekunde verlassen?

Was denkt die verlassene Stunde, trauert sie der verlorenen
Sekunde nach?

Gibt es eine Möglichkeit bei der sich die verlassene Stunde
wieder mit der Sekunde vereint? Auf das man ewig in
Einheit zusammen leben möge.

Ja, es gibt diesen Moment!
Eine Zeit, ohne Zeit, fast wie der Urknall. Eine Zeit,
außerhalb der Zeit, nicht in Sekunden oder Stunden zu
messen. Das Jetzt und Hier! Ich nenne es: Den Moment.

>Wenn wir jung sind, sehen wir nicht das Alter<

WAS?

Würde ich heute denken, was morgen ist, wäre es eine Art
Zeitsprung. Wenn ich an den heutigen Tag denke, alle
Gedanken überfliege, die gedacht wurden, so stellt sich mir
die Frage, wie sehen diese Gedanken am nächsten Tag aus?
Werden sie die Gleichen sein? Ein Gedankenspiel
entwickelt sich innerhalb einer Frage.

Macht es Sinn sich am Morgen des nächsten Tages an
Gestern zu erinnern? Was denke ich morgen, wenn der
heutige Tag Vergangenheit ist?

Vielleicht denke ich an den vergangenen Tag und sage mir,
eigentlich hätte er nicht so sein müssen!
Doch ich dachte, ich kann nicht anders. Gerne hätte ich
mir einen anderen Tag gewünscht. Aber ich hatte nicht die
Wahl. Kann man sich Tage wünschen?

Was wäre, wenn ich diese Wahl hätte?
Könnte ich die Zeit zurück drehen und sagen:
„Ich mache meinen Tag jetzt neu!" Wie würde ich diesen
Tag aber machen? Mit Fehler oder ohne Fehler?
Mit Erfahrungen oder besser ohne Erfahrungen.
Erfahrungen ausblenden, oder mit offenem Auge darauf
zugehen?

Dies wäre eine Frage von Gestern, wie würde ich sie heite beantworten? Was würde heute besser gehen als gestern? Ich weiß es nicht, Sie?

Vielleicht konnte ich Gestern das Morgen für mich noch sehen. Ohne Angst und mit eine Plan. Vielleicht sehe ich, dass ein neuer Morgen auch Möglichkeiten bietet. Morgen ist nicht gleich Weltuntergang. Morgen ist eine neue Chance, neue Zeit die zur Verfügung steht. Eine Möglichkeit etwas zu verändern?

Sollte man diese Gelegenheit nicht auch nutzen?

Zeit ist eine Frage der Sichtweise.

Lebe ich außerhalb der Zeit, fehlt mir jegliche Perspektive.

Lebe ich mit der Zeit, überholt mich das Leben.

Wo genau soll nun hin?

Dieses hört sich vielleicht an wie ein heimatloser Wanderer.

Warum ist der Gedanke daran heimatlos geworden?

Erinnern wir uns an den Zeitsprung.

Was wäre, wenn ich darüber nachdenke, was ich tatsächlich im Hier und Jetzt denke. Hätte ich morgen den gleichen Gedanken, oder mich das Gestern praktisch überholt?

Es stellt sich die Frage:

Ist der Moment die Essenz aus allen Fragen, oder ist der Moment der Beginn einer neuen Frage.

Vielleicht denke ich an den gestrigen Tag und sage mir…

Wenn ich noch einmal diese Zeit hätte, was wäre mein letzter Gedanke?

Jeder Tag, war ein guter und erlebter Tag.

Auf den Spuren der Vergangenheit

Ich kam den langen, einsamen Weg hinauf.

Es ist ruhig und still. Das einzige Geräusch war das Rauschen des Meeres, es wehte von weit her.

Ein feiner Wind zog über das Land und streichelte mein Gesicht. Weit vor mir auf der Bergkuppe wurden die Umrisse eines alten Cottage sichtbar. Es war teils verfallen und machte den Eindruck, als ob sie aus zwei verschiedenen Zeiten stammen würde.

Einen Moment blieb ich stehen und lehnte mich an eine alte Bruchsteinmauer.

Der Duft des Meeres wehte in meine Nase. Ich dachte an die Leute im Dorf.

Sie erzählten von diesem Haus und seinen früheren Bewohnern. Der älteste Teil des Hauses solle noch aus einer sehr alten Zeit stammen. Die Bauweise war wohl für die Ewigkeit gedacht. Seine Nachfahren hatten es vehement abgelehnt, die älteren Teile des Cottage abzureißen und zu erneuern, obwohl so ein größerer Ertrag möglich gewesen wäre.

Diese Nachfahren der alten Kelten lebten in dem Bewusstsein, dass ihre Vorfahren zwar das materielle Leben verlassen haben, aber in einer Art Zwischenwelt mit ihnen weiterleben. Nie wären sie auf den Gedanken gekommen, einen Teil der alten Gebäude abzureißen. In ihrem Glauben leben doch ihre Vorfahren darin, so als hätten sie dieses sichtbare Leben nie verlassen.

Für die moderne Welt ist die Existenz eines Lebensraumes zwischen unseren gedanklichen und sichtbaren Grenzen etwas Abstraktes und eher Undenkbares.

Sie passt einfach nicht in die logischen und abgesteckten Grenzen einer christlich geglätteten Sichtweise. Etwas nicht Erklärbares hat dort keine Lebensberechtigung.

Trotzdem glauben die alten Bewohner an die Existenz einer Zwischenwelt, die in die Eigene hineinfließt. Eine Zwischenwelt, in der die fassbare Existenz in einer Verbundenheit neben der nicht greifbaren Existenz lebt. Nicht fassen, nicht greifen können, bedeutet nicht, dass nicht Vorhandensein von Existenz.

Auch die Nachfahren der Bewohner des alten Teiles des Cottage wurden durch den Schritt in die andere Existenz scheinbar auseinander gerissen.
Zurück blieb ein alter Mann. In den Augen der anderen Menschen aus dem nahen Dorf lebte er einsam und verbittert. Er mied den direkten Kontakt zu anderen Menschen. Außer einmal im Jahr, zu Samhain, dem keltischen Totenfest. Da stand er immer an der Bruchsteinmauer, an der Straße die ins Dorf führt. Dann spielte er die ganze Nacht auf einer alten Fiedel, während im Dorf alle gemeinsam feierten. Er spielte in seltsamen Melodien. Melodien, die hier niemand kannte. Traurige Melodien, die einem das Herz entzwei springen ließen, wenn man zu lange in ihren Bann geriet.

Mir lief ein Schauer über den Rücken, als mir bewusst wurde, an welchem Ort ich gerade stand. Eine Sekunde dachte ich den Klang einer Fiedel zu hören, der von weit her zu mir herüber wehte.

Ich ließ die Bruchsteinmauer hinter mir und ging weiter die einsame Landstraße hinauf. Wieder dachte ich an die Erzählungen der Menschen aus dem Dorf.
Man sagte, dass der einsame, alte Mann seine Melodien von den Feen bekommen haben soll. Melodien, die in der Zwischenwelt der Weggegangenen erschaffen worden sind. Diese Melodien sollen eine besondere Kraft in sich haben. Sollte ein Mensch mit der Kraft der alten Barden diese Töne erklingen lassen, würde er die Pforten in die Welt der „vor langer Zeit Gegangenen" öffnen.

Ich schritt auf den alten Hof des verfallenen Haupthauses. Nur die Grundmauern standen in ihrer ursprünglichen Kraft, allen natürlichen Gewalten zum Trotz. Mein Blick glitt über die Hügel hinab bis auf das Meer. Dort unten die Bucht, von weit her waren die Lichter eines kleinen Fischerdorfes zu sehen.

Im Inneren des Hauses sah ich einen offenen Kamin. So etwas baute man in dieser Art schon lange nicht mehr. Ich setzte mich davor und lehnte mich an die Mauer aus grobem Stein. Ich stützte meinen Kopf auf beide Hände. Meine Ellen bohrten sich in die Knie, doch ich spürte keinen Schmerz. So sah ich hinaus, durch die nicht vorhandene Tür des alten Hauses. In der Ferne rauschte beruhigend das Meer.

Ich nahm es von weit her noch wahr und versank in
meinen tiefen Gedanken.....

Der alte Mann mit der Fiedel

Er war einsam und allein.

Das heißt, eigentlich war er nicht allein. Er war zufrieden mit sich und seinem Leben. Er war in seiner Welt der Gedanken, mit sich und der inneren Stimme seiner Zeit verbunden. Er fühlte sich dort wohl und dieses <Alleinsein> ermöglichte ihm eine wohlige, wärmende Nähe mit seinen Gedanken und Erfahrungen seines Daseins.

Gesammeltes Wissen und geballte Emotionen aus unzähligen Ereignissen seiner jetzigen und der vergangenen Zeit.

Er lebte nach dem Tod seiner Frau allein auf seinem Hof. Den Hof in den Bergen von Kerry, den er von seinem Vater erbte,

nicht weit vom Meer.

Ein Teil des Hofes war verfallen und heruntergekommen. Selbst an dem alten Bruchstein hatten die Stürme der Zeit ihre Spuren hinterlassen.

Der alte Teil des Hofes, in dem früher seine Eltern lebten, war fast vollständig verfallen. Er selbst lebte im neueren Anbau dahinter.

Irgendwann vor langer Zeit, als er noch vom Ertrag seiner Schafe lebte, fragte ein Fremder, der sich hierhin verlaufen hatte, warum er den alten Teil seines Hofes nicht abreißen und erneuern oder zur Bewirtschaftung herrichten würde. Der alte Mann hatte ihn damals nur verwundert angesehen und gefragt:

„Und wo sollen dann meine Ahnen leben?"

So lebte er ein halbes Leben lang allein mit dem Andenken
an seine Ahnen und an seine Frau, die irgendwann den
Weg in eine andere Welt gehen mussten.
Er war nicht traurig darüber, denn sie waren nicht wirklich
fort.
Er spürte ihre Anwesenheit.
Sie waren da und lebten weiter in einer anderen Welt, die
neben der Seinen existierte. Sie waren ihm Nahe und sie
lebten in seinen Gedanken.
 Manchmal nahm diese unsichtbare Welt der
Gedanken Formen an und sie wurde sichtbar in seinen
Träumen.
Nein, er fühlte sich nicht wirklich allein. Er war eins mit
sich und dem Leben.
Er hatte 83 Jahre Zeit gehabt, über sein jetziges Leben
nachzudenken und er wusste genau, welchen Platz er im
Kreislauf der Zeit einnahm.
Er war ein immer wiederkehrender Teil des Universums.
Niemand sonst kann je seinen Platz und seine Aufgabe im
Knotengeflecht der Schöpfung einnehmen.

In der trüben Jahreszeit, wenn die Bäume ihre Blätter
verlieren und die Baumkronen lichter werden, ganz kurz
bevor das neue Jahr des keltischen Jahreskreises beginnt,
wurden die Schleier zur Welt seiner Ahnen fließend
und sie kamen zu ihm.

Sie berichteten aus dieser anderen Welt und erinnerten an alte Zeiten, deren Wissen unbedingt erhalten bleiben müsse,
um das ursprüngliche Leben seiner Zeit zu erhalten.
In dieser Jahreszeit wurden die Tage kürzer und er stellte zu Samhain eine ausgehöhlte Rübe mit einer Kerze ins Fenster, damit die Ahnen ihn sicher finden würden. Eine Schale mit Milch und Brot stellte er dazu, so dass die Besucher aus der anderen Welt sich nach ihrer langen Reise stärken mögen.
Irgendwann würde er sicher wieder ganz bei ihnen sein.

Am Tag vor Samhain begann in den Dörfern schon das Fest, das die ganze Nacht dauern sollte, die Nacht des „Wilden Mondes".
Die großen Feuer der Dörfer brannten einen Tag und eine Nacht.

Das war in jedem Jahr der Tag seiner großen inneren Unruhe.
Wie gerne hätte er noch einmal mit seiner Fiedel gespielt, im Kreis seiner Familie.
Wie gern hätte er noch mal ihre lachenden Gesichter gesehen und wie gern wäre er noch einmal bei den fröhlichen Tönen seiner irischen Geige
 um das Feuer vor dem Haus getanzt.
Ja, das war der Tag seiner großen Unruhe, der Tag an dem er den Kasten mit seiner alten Fiedel nahm und zur Landstraße ging und spielte.

So war es sein eigener, einsamer Brauch seit Jahren schon.

Die Zeiten haben sich verändert, der Mensch ist modern
geworden. Modern im Denken und Handeln.
Altes Wissen gerät in Vergessenheit oder wird überlagert
und verschlungen vom törichtem Gehabe der neuen Zeit.
Die Menschen werden oberflächlich und Ich-bezogen und
die größte Errungenschaft ihrer Zeit ist nicht das Flugzeug,
sondern die gnadenlose Fähigkeit schnell zu vergessen.

Es ist Samhain und die Menschen in den Dörfern bereiten
sich auf die kommende Nacht vor, die Nacht des Wilden
Mondes. Große Feuer werden angezündet
und scheinen hinaus bis aufs Meer.
 Dort in der Ferne scheinen die Lichter von Dingle.
Das Tageslicht schwindet und bettet sich langsam zur Ruh.
 Die Schwellenzeit zur Nacht beginnt.
Die Zeit des unwirklichen Lichts, die Zeit zwischen dem
Ende des Tages
und dem Beginn der Nacht.

Der alte Mann blickt auf die Lichter in der Ferne. Das
nächste Dorf ist weit entfernt und dort hinter der Bucht
scheinen Lichter des entfernten Dorfes.
Der Tag verlässt mit langsamen Schritten diesen Ort.
 Irgendwo von weit her tönt der traurige Klang einer
irischen Blechflöte und er erinnerte sich an die „Zeit der
lachenden Gesichter".

Die fröhliche Zeit, in der sie übermütig und im Andenken an die Ahnen, um die großen Feuer tanzten und den Beginn des keltischen, neuen Jahres feierten.
 Es war lange her und die Erinnerungen verblassten.

Die alte, innere Unruhe strich über ihn und umklammerte langsam seinen Geist.

Er warf einen letzten Blick über die Bucht, auf die Lichter des Dorfes, die sich im Meer spiegelten. Er ging ins Haus und nahm den alten Koffer mit seiner Fiedel. Ein Gedanke an alte Zeiten schlich über seine Stirn
und ließ sein Gesicht in tiefe Falten erscheinen.
So ging er hinaus und suchte den Weg zur einsamen Landstraße,
 die nach Kells führt.
Nach langem Fußmarsch und in der Verbundenheit seiner Gedanken kam er an die kleine Abzweigung, die er seit Jahren an diesem Abend und zu dieser Zeit aufsuchte. Er wusste, dass die Menschen aus den umliegenden Höfen den Weg ins Dorf suchen würden und seit einigen Jahren sogar ein paar Touristen aus anderen Ländern, die sich in die Abgeschiedenheit der Kerry Mountains verlaufen hatten und nun hier ihre Neugier zu befriedigen hofften.

An einer niedrigen Mauer aus Bruchstein blieb er stehen. Gedankenverloren und in einer seltsamen Stimmung legte er den alten Kasten mit der Fiedel auf die Mauer.

Einen Augenblick lang sah er auf die Menschen, die in einiger Entfernung von ihm, um ein Lagerfeuer tanzten.
Die Straße lag einsam vor ihm.
Dann öffnete er den Kasten, holte die Fiedel hervor und begann zu spielen.

Er spielte die alten Melodien aus seiner vergangenen Zeit, fröhliche Melodien aber auch traurige, die aus der Seele kamen.
Die alte Magie der Töne erfasste ihn und auf einmal fühlte er sich nicht mehr allein, denn nun waren sie wieder da.
In seinen Gedanken lebten sie wieder in seiner Welt und er konnte sie fast spüren und ihr Lachen hören,
doch ihre Gesichter sah er nicht, irgendwas war heute anders.
Der Klang seiner Fiedel wurde traurig und hätte Jedem, der zuhörte, die Tränen der Trauer ins Gesicht getrieben.

Der alte Mann nahm seine Umgebung nicht mehr wahr, die Schleier vor seinen Augen nahmen ihm jegliche Sicht.
So spielte er in die Nacht bis seine Finger bluteten.
Er lehnte an der Bruchsteinmauer und spielte Melodien, die niemand kannte.
Zauber der Töne aus einer Zeit, vor seiner Zeit.
Es war nach Mitternacht, in seinem silbergrauen Haar perlte sich der Tau der Nacht. Der Vollmond schien mit nie gekannter Kraft und der alte Mann auf der Landstraße wirkte fast unwirklich im Zwielicht der Nacht.

Die Menschen im Dorf sangen und tanzten und ihre
Stimmen zogen über das Land, als ein Lächeln das vom
Wetter gegerbte Gesicht des alten Mannes überzog.
Die Stimmen des Dorfes waren weit weg, als er sie endlich
sah.
Die Gesichter seiner Familie, die Gesichter seiner Ahnen,
plötzlich waren sie da.
Er sah sich selbst, mit ihnen um ein riesiges Feuer tanzen.
Alle lachten und sangen und er spielte Melodien auf seiner
Fiedel,
die er noch nie gespielt hatte.
Er sah in die Ferne, mit den Schleiern des Erkennens vor
seinen Augen.
Er sah in der Nacht die Umrisse seines Hofes, die längst
verfallenen Überreste des alten Teils, dem Teil, in dem
seine Ahnen seit langer Zeit schon wohnen.
Ein Gefühl des „Heimkommens" überzog seine Seele
mit der tiefen Wärme der Zugehörigkeit.
Der alte Mann vernahm nicht mehr das Lärmen der
Menschen aus dem Dorf.

Er hörte und sah auch nicht die Frau, den Mann und das
Kind. Sie gingen die Landstraße hinunter auf dem Weg ins
Gasthaus. Das Kind jammerte und quengelte vor
Müdigkeit. Sie sahen fremd aus, eher wie Touristen nach
einem langen, aufregenden Tag.
Ihr Weg führte an der Bruchsteinmauer vorbei, an der der
alte Mann zusammengesunken lehnte. Die Fiedel lag in
seinen Armen, als wollte er sie niemals mehr loslassen. Sein

Kopf mit dem langen, silbergrauen Haar hing kraftlos herunter, so als ob er schlafen würde.

Der kleine Sohn der Touristenfamilie sah ein wenig verwundert auf den alten Mann. Doch noch bevor er etwas sagen konnte, rief sein Vater ihm zu:
„Hier sind ein paar Münzen mein Sohn, schmeiß sie dem alten Penner in den Geigenkasten. Er ist noch leer, er scheint heute nicht viel Glück gehabt zu haben, oder vielleicht war auch sein Geigenspiel so schlecht" und lachte laut.

Der alte Mann nahm dies nicht mehr wahr. Er spielte niemals für Geld.
Die Töne seiner alten Fiedel haben ihn nur an die Vergangenheit erinnert und seiner Familie in der „anderen Welt" ein Stück näher gebracht: Er empfand einfach nur Wärme und Dazugehören dabei.
Ja, er sehnte sich nach den lachenden Gesichtern seiner Familie und die Nähe und Geborgenheit im Kreis seiner Ahnen.

Noch bevor der Morgen richtig begann, in der unwirklichen Schwellenzeit zum Tag,
trugen sie ihn fort.

Der letzte Text

Was ist schon Zeit? Diesen Ausspruch hörte ich auf meinen Reisen nach Irland sehr oft. Damals verstand ich den Sinn dieser Worte nicht. Allen ist doch klar, was Zeit ist, dachte ich. Ich meine, jeder kann die Uhr lesen, wie die Sekunden, Minuten und Stunden herunter gezählt werden. Die Zeit ist unruhig, sie läuft und rastet nie. Eigentlich sind wir nur Die, die die Zeit zählen und sie stetig davon eilen sehen. Beim Versuch die Zeit in ihrem Lauf zu überholen, scheitern wir kläglich. Doch warum, haben wir die Zeit nicht erkannt? Oder lebt die Zeit ein Leben, ohne jegliches Dazutun unsererseits? Ein unabhängiges Leben, in welches wir uns nicht einfügen können. Vielleicht glauben wir auch, die Zeit bestimmen zu können, indem wir ihr Uhr und Zeiger geben. Besteht Zeit wirklich aus Uhr und Zeiger?

Wir versuchen den Ursprung der Zeit zu erkennen, mutmaßen über Lichtgeschwindigkeit. Doch wie wollen wir dies verstehen wenn wir weder Zeit noch Licht überholen können. Eigentlich sind beide schon da, während wir noch auf dem Weg sind, mit der Frage, ob sich alle am gleichen Ort wiedersehen. Wobei sich die Frage stellt, haben Licht und Zeit die gleiche Heimat?

Wir können diese Frage zum jetzigen Zeitpunkt nicht beantworten, weil wir nicht dort gewesen sind.

Auf der Suche in der unsichtbaren Welt der Gedanken.

Für uns stellt sich die Zeit lediglich in ihren Auswirkungen und Fassetten dar, lediglich wahrnehmbar von uns und unseren Eindrücken, die sich je nach Moment ändern können. Es kommt auf die eigene Wahrnehmungsweise an.

Stellen wir uns einen überfüllten Bahnhof vor. Wir sind schon wieder einmal viel zu spät dran, der Zug fährt gleich! Man läuft und rempelt um den Zug noch zu erwischen. Die Uhren in der Bahnhofshalle laufen plötzlich wie magisch viel schneller. Bin ich schneller als die Abfahrt vom Zug? WAS ist schon Zeit?

Zeit mit den Kindern und der Familie zu verbringen, kann manchmal endlos, oder viel zu kurz sein. Irgendwann kommt der Abschied. Man ist traurig seine Liebsten lange nicht zu sehen. Trauer in den Augen, vielleicht sogar Tränen. Wann sieht man sich wieder? Aber WAS ist schon Zeit?

Ein Abend mit guten Freunden, man hat sich lange nicht gesehen. Das Austauschen all der alten Erinnerungen und Geschichten, an die man sich gemeinsam erinnert. Lange ist es her. Doch WAS ist schon Zeit?

Noch gestern habe ich den alten Mann aus der Wohnung unter uns gehört. Er spielte morgens immer Gitarre. Im Alter mit 96 eher schlecht als recht. Er hatte früher wohl einmal in einer Band gespielt, zwei Weltkriege erleben müssen und lebte nun mit seiner Frau in der Wohnung unter uns. Jeden Morgen hörte ich unter mir sein unbeholfenes Spiel an der Gitarre. Vor ein paar Tagen haben wir noch zusammen im Garten gesessen. Er erzählte mir aus seinem langen Leben. Als ich ging, sagte er noch:

„Gut das wir uns einmal darüber unterhalten haben“.
Eigentlich sagte er das immer. WAS ist schon Zeit, wenn
die Erinnerungen verblassen?

Als meine Mutter nach langer Krankheit starb, bekam ich
am Grab einen neuen Eindruck von Zeit. Endet die Zeit,
oder läuft sie an uns vorbei? Überholt sie uns an einem
Punkt, mit dem wir niemals gerechnet hätten? Ihn nicht
wahrhaben wollten, oder ihn nicht gesehen haben?

Doch was würden wir ohne Zeit tun?

Irgendwo las ich einmal eine Geschichte über ein
Forscherteam, welches einen bislang unbekannten
Ureinwohnerstamm irgendwo am Ende der Welt
erforschen wollte. Mit modernen Filmkameras tauchen sie
im tiefen Urwald auf um Einwilligung für eine Fotosession
des Stammes beim Stammeskönig zu verhandeln. Der
König verwehrte den Zutritt zum Dorf, vereinbarte aber
ein Treffen an einem weit abgelegenen Ort und zwar für
den nächsten Abend.

Das Forscherteam war mit all seinen Kameras pünktlich
dort und sie warteten, doch niemand kam. So machte sich
das Forscherteam am folgenden Tag auf den Weg um den
König zu sprechen. Warum hat er das vereinbarte Treffen
nicht eingehalten und die Forscher samt Team warten
lassen? Der König sah den Forscher lange an und sagte:

„Wenn die Zeit es gewollt hätte, dass wir uns zu jenem
Zeitpunkt dort treffen, dann hätten wir uns dort gesehen.“

Wir, liebe Leser, trafen uns zu diesem Zeitpunkt in diesem Buch. Ich hoffe, ich habe Ihre Zeit nicht gestohlen. Vielleicht konnten Sie ja einige neue Gedanken zum Thema Zeit für Sie ganz persönlich finden. Sehen die Zeit mit anderen Augen, den „Augen der Zeit".

Vielleicht ist Zeit für uns als Menschen, eine Ansammlung von Augenblicken, Momenten und Erinnerungen, in denen wir leben. Aus denen unser Leben besteht, unsere ganz persönliche Zeit. Vielleicht begleitet Sie dieses Buch durch Ihre Zeit, vielleicht hat Zeit nun auch keine Wertigkeit mehr für Sie. Je nachdem wie man sie sieht.

Doch Zeit hat man nur einmal. Unsere eigene Zeit holt uns irgendwann ein und sie endet in diesem Augenblick. Die wirkliche Zeit ist uns bereits weit voraus, scheinbar nicht mehr einzuholen, da sie an einem Ort wohnt, den wir nicht kennen. Aber wer weiß, vielleicht treffen wir uns doch irgendwann an diesem Ort wieder und lernen die Zeit wirklich kennen und sie zu verstehen.

Bis dahin, wünsche ich Ihnen ein gutes Leben und eine gute Zeit.

Muirdín